I0477943

Robert de La Sizeranne

Les Portraits
d'hommes aux
Salons de 1898

Critique

Le code de la propriété intellectuelle du 1er juillet 1992 interdit en effet expressément la photocopie à usage collectif sans autorisation des ayants droit. Or, cette pratique s'est généralisée dans les établissements d'enseignement supérieur, provoquant une baisse brutale des achats de livres et de revues, au point que la possibilité même pour les auteurs de créer des œuvres nouvelles et de les faire éditer correctement est aujourd'hui menacée. En application de la loi du 11 mars 1957, il est interdit de reproduire intégralement ou partiellement le présent ouvrage, sur quelque support que ce soir, sans autorisation de l'Éditeur ou du Centre Français d'Exploitation du Droit de Copie , 20, rue Grands Augustins, 75006 Paris.

ISBN : 978-1981202867

10 9 8 7 6 5 4 3 2 1

Robert de La Sizeranne

Les Portraits d'hommes aux Salons de 1898

Critique

Table de Matières

Introduction   6

Section I   10

Section II   17

Section III   26

Introduction

Ceci n'est pas un *Salon* ; — c'est-à-dire que ce n'est ni un catalogue, ni une description, ni un palmarès. A l'époque lointaine où quelques centaines de toiles ou de bustes garnissaient une pièce de l'hôtel Jabach ou la galerie d'Apollon, au Louvre, le critique pouvait en dresser un inventaire complet et raisonné, comme on le fait des richesses d'un salon. Aujourd'hui que sept mille six cents objets qualifiés œuvres d'art ont besoin pour s'abriter d'une galerie de 48 000 mètres carrés, plus propre à servir de manège aux chevaux des cosaques qu'à fournir à la méditation esthétique un lieu de recueillement et de paix, il serait vain de vouloir refaire les inventaires encyclopédiques du siècle dernier. Il y a pour cela des catalogues.

De même, à l'époque plus récente où les tableaux et statues exposés à Paris n'étaient vus que par quelques Parisiens, et où les rares journaux illustrés ne pouvaient en donner au dehors l'image immédiate et ressemblante, la description littéraire de ces œuvres était permise. Le critique luttait, comme il pouvait, contre le pinceau avec sa plume et, dans les tableaux à l'encre, qu'il traçait à coups d'adjectifs, il reproduisait, pour ceux qui n'avaient pu voir les originaux, l'impression visuelle qu'il avait ressentie. Mais du jour où la photogravure, plus rapide que la plume du critique et infiniment plus sûre, a porté au loin, dès l'ouverture du *Salon*, la reproduction exacte de tous les tableaux notables exposés, la description que vient en faire péniblement l'écrivain n'est plus qu'un pléonasme, ou qu'une gageure. Pendant qu'il s'ingénie à décrire le tableau de M. Bouguereau, à expliquer, par exemple, que les *putti* qui voltigent sont placés derrière le plan de la Jeune fille qui subit l'*Assaut* et ceux qui se tiennent debout ou à genoux devant elle, le photograveur intervient, et le lecteur, sans tant de paroles, a compris. Il n'y a que la couleur de M. Bougueneau qu'il ne perçoit pas, mais la gloire du Maître y perdra-t-elle ? Et, d'ailleurs, l'écrivain, employât-il tous les termes de la fabrication de la porcelaine, la lui fera-t-il percevoir davantage ? La photogravure a tué la description.

Ne pouvant plus étudier avec quelque détail les œuvres exposées, parce que leur nombre défie son analyse, et ne trouvant plus aucune utilité à les décrire, parce qu'elles sont beaucoup mieux décrites par la photographie, le critique est-il du moins fondé à les juger ? Se peut-il permettre d'écrire, comme ce peintre, critiquant le *Salon* de 1791 : N° 351 : — Croûte par M. Robineau. N° 365 : — Jolie gouache par M. Moreau ; sans autres considérants ? De tels arrêts ne valent que ce que vaut l'autorité de celui qui les prononce. S'attribue qui voudra cette autorité. Nous, nous ne nous l'attribuons pas. Le critique peut attirer l'attention du public sur un point, lui demander de réfléchir sur une impression, plaider devant lui les intentions, les moyens, les circonstances. Il ne peut pas juger d'un mot ni lui imposer son jugement. Autrefois, et il n'y a pas longtemps encore, deux ou trois critiques seulement s'exprimaient sur ces choses à des tribunes qui avaient quelque retentissement. Bon gré, mal gré, on les entendait, et comme on les entendait seuls, leur opinion s'imposait au monde des arts quasi tout entier. Aujourd'hui, personne n'est écouté de tout le monde, et tout le monde, parlant d'art, est écouté de quelqu'un. Les opinions les plus intransigeantes sont soutenues par des groupes entiers et les ostracismes les plus violents prononcés par des coteries considérables. La contradiction des jugements en atténue, il est vrai, la portée, et le même artiste, placé à côté du Titien par les uns et qualifié de néant par les autres, se trouve réinstallé, par ce jeu de va-et-vient, à peu près en la place intermédiaire qu'entre ces deux extrêmes il a le droit d'occuper. Mais l'autorité des critiques y perd singulièrement. Ou, pour mieux dire, elle est perdue. Personne ne s'incline devant les couronnes ou les accessits qu'un critique a décernés, parce qu'il y a trop de critiques et qu'ils diffèrent trop sur les prix qu'ils décernent. Le temps des palmarès est passé.

Celui de l'Esthétique est venu. A l'heure où chacun saisit, consciemment ou non, les liens multiples et mystérieux qui rattachent l'art à la vie, et suit, avec curiosité, dans le miroir que nous présentent les artistes, les évolutions et les altérations de la vie sociale contemporaine, il y a quelque chose de mieux à faire que le catalogue, la description ou le palmarès des expositions : c'est de tenter d'en dégager l'enseignement esthétique, la constatation des mouvements de l'âme créatrice dans les œuvres, et des impressions de l'âme observatrice dans la foule.

Tandis que les journalistes, gardiens jaloux des routines qu'ils n'ont pas dénoncées, s'attardent aux *Salons* , — tels que de grands écrivains eurent raison de les concevoir en d'autres temps, mais tels qu'on ne peut plus espérer les rééditer, à notre époque, — qu'il nous soit donc permis de rompre totalement avec ces formes et ces habitudes surannées. Qu'il nous soit permis de nous attacher simplement à l'étude de quelques-unes des questions esthétiques soulevées par ce que nous voyons au Champ-de-Mars, et de taire par conséquent toutes les œuvres, même les œuvres les plus magistrales, — comme la *Vie de la mer* de M. Cottet ou les *Reflets de cuivres* de M. Bail, — sans rapport avec les problèmes que l'actualité impose à notre attention.

Parmi ces problèmes, il faut choisir. Ce n'est pas une question seule qui se trouve soulevée, quand on erre sous le vitrage de la Galerie des Machines : ce sont toutes les questions esthétiques. Jamais il n'y a eu moins d'ensemble dans le mouvement des arts, jamais moins de cohésion dans les efforts. Il n'y a pas un mouvement nouveau : il y en a mille, se contredisant, rayonnant dans tous les sens. L'art moderne est comme une cité où l'on travaillerait à commencer des routes dans toutes les directions et où l'on n'aurait sur aucun point assez de monde pour en finir une seule qui mène quelque part. Chacun travaille de son côté, plus jaloux de donner son nom à une voie nouvelle, que de continuer l'œuvre commencée par un autre. On ne voit partout que des amorces… Tout le monde est « chef d'école », mais il n'y a plus d'école ; on dit à tout venant : « Maître », mais personne ne se constitue disciple. Cela est si vrai qu'il n'y a même pas une conception, si vague soit-elle, commune à tous les membres d'un *Salon* et différente de celle du *Salon* rival. Il était généralement entendu que l'Art de la Société nationale, ou *Salon* du Champ-de-Mars, était plus moderniste que celui de la Société des artistes français ou *Salon* des Champs-Elysées. Mais qu'y a-t-il de « moderniste » dans le *Tarascone* de M. Edouard Sain, et à quoi ont servi, pour figurer ces danseurs de Capri, toutes les révolutions esthétiques qui se sont succédé depuis les *Moissonneurs* de Léopold Robert ? Qu'a de moderniste le *Parc* , de M. Firmin-Girard et qu'était-il besoin des théories du plein-air pour aboutir à la *Partie intéressée* de M. Lestrel ? D'autre part, dans le Salon prétendu classique des Champs-Elysées, que vient faire l' *Epopée* de M. Bussière qui eût provoqué l'admiration des habitués de la Rose-Croix, ou la *Loïe Fuller* de M. Kronberg qui eût enrichi l'Exposition des *Inquiets* ?

Dans ce désordre des recherches et dans cette universalité des tentatives, si l'on voulait examiner toutes les questions posées par les œuvres, on écrirait toute une Esthétique. Depuis la question du mélange optique des couleurs, que continuent à soulever les toiles de MM. Claus et Sisley, jusqu'à celle de l'anachronisme dans l'art religieux, que soulèvent encore MM. Dagnan-Bouveret, Gari-Melchers et Leempoels, et depuis celle de la valeur esthétique du vêtement moderne, que les statues de MM. Carnot et de Mores nous pressent de résoudre, jusqu'à la discussion du mot fameux de Pascal, que renouvelleraient, avec un exemple magnifique, les chaudrons de M. Bail, tous les vieux débats d'antan trouveraient une ample matière, tandis qu'à propos de la représentation des hommes préhistoriques par M. Cormon et des cités lacustres par M. Jamin, quelques nouveaux débats pourraient s'établir. Mais ce n'est point sur ces œuvres que se sont surtout attachés les yeux et ce ne sont point les problèmes qui aient touché les cœurs. Ce qu'on a le plus regardé, cette année, c'est autre chose. Ce sont les *Portraits d'Hommes* .

Il y en a beaucoup à la Galerie des Machines, et de fort notables, tant présentés comme portraits que groupés dans des scènes, comme l'a fait par exemple M. Roybet, en sa *Leçon d'astronomie* , ou M. Dagnan-Bouveret, dans ses *Pèlerins d'Emmaüs*. C'est une curieuse galerie que celle où l'on voit MM. le prince d'Arenberg et le feu duc de Doudeauville par M. Aimé Morot, M. Jules Lemaître par M. Humbert, M. le général Davout, duc d'Auerstaedt par M. Bonnat, M. Vigneron et quelques grands artistes actuels par M. Roybet, M. Edouard Rod par M. Giron, et M. Maurice Barrés par M. Desboutin, M. Richepin par M. Stevens, MM. Rochefort et Gladstone par M. Hamilton, le poète Drachmann par M. Kroyer, M. Eugène Lomont par M. Ménard, M. Montorgueil par M. Lœvy, *Un jeune peintre* par M. Courtois, M. Sarrien par M. Gailliac, et, en sculpture, le cardinal Lavigerie, par M. F aiguière, M. le comte de Franqueville par M. Paul Dubois, et M. d'Annunzio par M. de Saint-Marceaux. Ils ne valent peut-être pas les portraits de femmes et d'enfants qu'on voyait, l'année dernière, à pareille époque, à l'Ecole des Beaux-Arts, mais ils constituent cependant la collection la plus intéressante exposée au Champ-de-Mars et forment en quelque sorte un salon, dans les *Salons* . Nous allons l'abstraire et le visiter. Si, chemin faisant, nous trouvons quelque question d'ensemble, nous ne l'éluderons pas. Nous regarderons dans les œuvres la trace ou l'oubli des théories qui étaient nouvelles il y a vingt ans, nous constaterons ce qu'elles sont, en pratique, devenues. Et si nous trouvons parmi ces portraits d'hommes un plâtre qui fit déjà plus parler de lui que cette fameuse statue de neige modelée par Michel-Ange pour le Médicis, nous la regarderons aussi. Nous ne prétendrons imposer sur elle, pas plus que sur tout autre objet, notre sentiment à personne, mais nous nous demanderons pourquoi, de quel droit et en vertu de quelle particulière autorité, certains critiques d'art prétendent imposer au public un sentiment qui n'est pas le sien ? lui démontrer que son impression à lui ne saurait compter, quand la leur compte ? et lui enseigner, par des raisonnements d'une logique d'ailleurs chancelante, qu'une chose est un chef-d'œuvre quand, par tous les instincts de sa sensibilité, il voit, il saisit et il éprouve qu'elle est sans forme, sans vie et sans beauté.

Section I

« L'art n'a jamais fait plus que ceci : donner la ressemblance d'un noble être humain. Les meilleures peintures qui existent des grandes écoles sont des portraits ou des groupes de portraits, souvent de personnes fort simples et non de sages. Vous pouvez avoir des qualités beaucoup plus brillantes dans les tableaux d'imagination. Vous pouvez avoir des figures dispersées comme des nuages, ou unies comme des fleurs en guirlandes, de la lumière et de l'ombre comme dans une tempête, et de la couleur comme dans un arc-en-ciel, mais tout ceci n'est qu'un jeu d'enfant pour les grands artistes. Leur réelle force fut poussée à ses dernières limites quand ils peignirent simplement un homme ou une femme et l'âme qui était en eux... » Ainsi parle Ruskin dans ses *Lectures on art* et un maître a dit pareillement : « La pierre de touche du talent du peintre, c'est le portrait. »

Cette pierre est un écueil où beaucoup de réputations sont venues se briser. Ce n'est pas que le portrait exige des qualités plus hautes, ni aussi hautes qu'un groupement de figures agissantes ou que la fiction ; mais les qualités qu'il exige sont nettement définies, spécialement exigibles, et tout le monde en est ou s'en croit le juge. Le génie n'y est ni nécessaire, ni suffisant, pas plus qu'il n'est nécessaire ni suffisant pour écrire l'histoire. Le portraitiste d'hommes est un historien. Il lui faut de l'observation, de la patience, de la mesure, et parfois du stratagème. Le modèle pose devant le portraitiste comme le héros devant l'historien. Il faut savoir écarter le masque assez pour que l'homme apparaisse, pas tant cependant que le héros s'évanouisse. Il faut attraper la ressemblance en même temps que la vie, et l'on est beaucoup plus averti sur la ressemblance quand il s'agit d'un portrait peint, que s'il s'agit d'un portrait littéraire. Qu'un laborieux historien écrive demain sur le Duc d'Aumale un livre où la figure du prince ne transparaîtra, sous le voile des documents inédits, que par fragments méconnaissables, toute pâlie et décolorée, personne ne s'en offusquera et le portrait passera pour ressemblant auprès de ceux mêmes qui auront connu le modèle. Ils en croiront l'auteur, en raison des papiers nouveaux et secrets qu'il aura seul dépouillés, et moins la figure sera ressemblante, plus il acquerra de crédit pour les transformations savantes et documentées qu'il lui aura fait subir. Mais qu'un grand sculpteur ou qu'un grand peintre s'avise de représenter le prince selon une attitude qu'on ne lui a point vue, dans un costume qu'on désapprouve, et que, peignant ou sculptant de lui une image fort exacte d'ailleurs, il choque l'idée qu'on se fait ou qu'on veut se faire du brillant cavalier de la Smala, ce sera un *tolle* unanime.

Un jour, l'historien de Richelieu nous trace un portrait du jeune évêque de Luçon selon les indications d'une sorte de bréviaire portatif de l'ambitieux de cour écrit par le modèle lui-même, et à l'aide de ce mémoire il cherche à pénétrer « dans le secret le plus intime de cette âme ambitieuse. » Il nous dit que : « tous les pas sont comptés, toutes les paroles sont pesées, tous les gestes sont surveillés : rien n'est abandonné au hasard de l'improvisation. » Il ajoute « qu'un continuel empire sur soi même subordonne toutes les manifestations de la pensée à la discipline d'une volonté toujours en éveil ». Si l'historien affaiblit ou exagère en quelque point le trait de l'ambition, l'ombre portée de la dissimulation chez Richelieu, qui donc s'en apercevra ? Mais voici que le peintre des *Cherifas*et des *Derniers rebelles amenés vifs ou morts devant le Sultan* entreprend de faire le portrait de M. Hanotaux. Qu'il commette la moindre erreur de physiognomonie ou de psychologie, le public la décèlera sans retard et la lui reprochera sans ménagement.

De plus, parce que, d'ordinaire, l'historien portraiture d'après un mort et le peintre, au contraire, « d'après le vif », comme on disait autrefois, le premier ne doit à son héros que la vérité, tandis que le second ne peut pas toujours, pour accentuer la ressemblance, souligner tel trait défectueux du modèle. M. Hamilton ne nous montre pas clairement la main gauche de M. Gladstone dans le portrait qu'il expose, cette année, et aucun des portraitistes du grand homme d'Etat n'a peint cette main mutilée par un accident de chasse. M. Benjamin Constant ne nous a pas non plus montré, l'an dernier, celles du vainqueur de la Smala, sinon toutes gantées. « Ne serait-il pas ridicule, disait le bon Gérard de Lairesse, en 1690, de faire voir le maréchal de Luxembourg de profil, afin qu'on puisse mieux apercevoir sa bosse, à cause que c'est par ce défaut de conformation qu'on reconnaît le plus facilement ce grand homme de guerre ? » Et l'honnête auteur du *Grand Livre des peintres* , pris entre son désir de vérité et son goût esthétique, suggère cette extraordinaire transaction : « Si vous avez à peindre un brave officier qui a perdu un bras ou une jambe en combattant pour la patrie, faites-le dans le goût antique, c'est-à-dire servez-vous d'un bas-relief pour rappeler l'action dans laquelle il a perdu ce membre, ou pendez la jambe ou le bras artificiel contre le mur, à côté de vitre personnage, avec les courroies et les boucles qui servent à l'attacher au corps, ainsi qu'on le fait avec les attirails de guerre ou de chasse, ou placez-le parmi les ornements d'architecture, afin qu'il puisse être facilement aperçu… » Mais, s'il s'agit d'une oreille trop grande, d'un œil qui louche ou d'une bosse sur le front, on ne peut les pendre en ex-voto sur la muraille, et ce sont là choses plus difficiles à cacher pour un peintre, chez son modèle, qu'une petite tare morale, chez son héros, pour un historien.

Tous les deux, d'ailleurs, ont, en traçant un portrait, le même devoir de synthèse à remplir. Il faut qu'ils réunissent, l'un dans le même moment, l'autre dans le même espace, tous les traits importants, caractéristiques, quoique parfois contradictoires, du personnage à peindre, et c'est là le plus délicat de leur tâche. L'historien qui veut peindre une vie cherche quelle en est l'heure centrale, celle où il peut le mieux grouper tous les événements de cette vie, soit en les rappelant, soit en les faisant pressentir. Le peintre cherche l'attitude typique de son modèle, celle par où l'on peut se souvenir ou augurer de toutes les attitudes caractéristiques de sa charpente et de sa physionomie. L'un doit trouver, pour décrire, le moment où l'âme de son personnage est le plus *elle* , l'autre, le moment où son visage est le plus *lui* . De même qu'il y a des instants dans la vie où l'homme n'est plus lui-même, — comme, par exemple, Napoléon dans sa fuite à l'île d'Elbe, — et où l'histoire se trompe si elle choisit ce moment pour le peindre, de même il y a des poses et des éclairages qui transforment si totalement le jeu des muscles et les traits du visage qu'ils les rendent méconnaissables. Les feux de rampe, s'ils ne sont pas combattus par des lumières de frises, sont de ceux-là. En renversant toutes les ombres, en mettant du noir au haut des pommettes sous les yeux et au-dessus des sourcils, ils intervertissent la physionomie. Non seulement le peintre doit éviter ces accidents, ce qui est facile, mais il doit profiter de toutes les ressources de la pose et de l'éclairage pour faire apparaître ce que seul tel visage peut signifier. Il doit le situer dans l'espace et dans la lumière, comme l'historien le situe dans le temps. A la lumière de quel événement le montrerai-je ? se demande l'historien. — Et le peintre : à quelle inclinaison de son corps, à quel angle de sa ligne des yeux et selon quelle clarté du ciel apparaîtront les choses secrètes et symptomatiques de son visage et de son cœur ?

Tout cela a l'air d'aller de soi et semble presque inutile à dire, mais, bien loin que ce soit inutile, c'est la chose qu'il convient le plus de rappeler et de soumettre à nos grands artistes. Car, si l'on observe leurs portraits, d'année en année, on s'aperçoit qu'ils donnent invariablement à leurs modèles les mêmes poses, c'est-à-dire qu'ils se préoccupent, non pas de l' *habitus corporis* dont le modèle a le plus d'habitude, mais de celui qu'eux-mêmes, peintres, ils savent le mieux par cœur, et non pas du tout du geste qui le désigne le mieux, mais de celui que, sans recherche et sans fatigue, ils dessinent le mieux. Au contraire, il y a depuis longtemps, chez les peintres qualifiés de « jeunes » ou de modernistes, un effort très perceptible, quoique souvent infructueux, pour trouver l'éclairage révélateur de la figure et le geste ou l'attitude, le port de tête, l'angle du regard spéciaux au modèle, comme on peut le voir dans le portrait de M. Edouard Rod par M. Giron, où la tête relevée et le regard abaissé pour que le rayon visuel passe bien au milieu des verres du binocle, donnent à la physionomie l'accent qui lui est particulier. Mais la plupart de ces attitudes n'ont rien d'expressément adéquat aux figures représentées. — Qu'on regarde plutôt le *Maurice Barrés* de M. Desboutin. — Le plus grand effort des portraitistes, c'est de mettre des équerres et des compas sous la main de leurs modèles, quand ceux-ci sont des architectes, ou de faufiler parmi les paperasses administratives une écharpe tricolore, quand ils sont maires, ce qui constitue un signalement de police, peut-être, mais non un signe esthétique de quelque valeur. Suivant l'exemple donné jadis par M. Bonnat, qui fit prononcer un discours à M. Puvis de Chavannes, et par M. Détaille, qui fit gagner une bataille au Prince de Galles, M. F aiguière abandonne aux mains agitées du cardinal Lavigerie une croix dont on ne sait s'il va se servir à la manière de l'archevêque Turpin ou de Jean des Entommeures. Comme les Flamands mettaient un œillet ouïes Florentins une épée entre les mains de leurs modèles, nos peintres mettent quelque engin à fumer le tabac, cigare ou cigarette, qui apparaîtra aux chercheurs de l'avenir comme celui des emblèmes de notre civilisation dont nous fûmes le plus fiers et le plus jaloux.

Que, cependant, certaines figures et certaines ressemblances ne se décèlent que par un geste parfois très subtil, qui leur est particulier et qui seul les fait reconnaître, c'est ce qui nous est enseigné par l'aventure infiniment mélancolique des *Pèlerins d'Emmaüs* . Ces deux disciples avaient rencontré leur Maître et ils n'avaient pas reconnu son visage. Ils avaient cheminé avec lui et ils n'avaient pas reconnu sa démarche. Ils avaient causé avec lut et ils n'avaient pas reconnu sa doctrine. Ainsi passe parfois inutilement devant nos yeux une figure depuis longtemps effacée de notre vie. Tout ce qu'elle avait de commun avec les autres figures, tout ce qui, en elle, n'était que le lot de l'humanité s'est confondu dans notre mémoire avec les milliers d'empreintes semblables qu'ont laissées les faces indifférentes des foules, comme se confondent, dans le sable mouillé des grèves, les traces de mille pieds semblables marchant vers le même océan… Mais, s'il est un geste que, grâce aux harmonies encore inexpliquées du système myologique et nerveux, un être seul puisse faire et que nous avons envie de revoir, s'il est une inclinaison de tête que seul cet être puisse donner, un sourire que seul il puisse sourire, c'est ce geste qui nous le décèlera. Pour le Christ, ce geste était de rompre le pain et de l'offrir. Tant qu'il ne fit pas cela, les disciples sentaient bien, en leur cœur, la présence de quelque chose qu'ils avaient aimé, car « il était brûlant », dit l'Écriture. Le cœur reconnaît plus vite que les yeux. Mais les yeux avaient besoin du geste pour être persuadés. Nous de même, avec les portraits de nos contemporains. Et ce geste qui est le geste de ressemblance, c'est-à-dire plutôt de *dissemblance* avec le reste de l'humanité, n'est pas nécessairement le geste le plus accoutumé de l'individu, ni le plus conforme à sa profession. C'est une erreur totale que de caractériser un écrivain en l'embarrassant d'une plume d'oiseau ou un général en lui donnant un képi à garder sur son cœur comme une couvée qu'on vient de dénicher, ou de faire renifler à un chimiste une éprouvette, car loin d'être là un trait spécifique, c'est le trait que l'homme a de commun avec tous les écrivains, tous les généraux et tous les chimistes. Mais de saisir les mouvements ou les inflexions de la charpente humaine, la chute de l'épaule droite pour l'écrivain toujours penché du côté où sa plume écrit et de l'épaule gauche pour le soldat qui porte le sabre à gauche, déterminer la raideur ou la mollesse du cou, prisonnier dans le hausse-col ou libre, sur la chemise, le tic des muscles orbitaires ou orbiculaires, le plus ou moins de relief de l'os malaire, et tout ce que le métier habituel, le travail, les accidents ou la santé donnent de physionomie individuelle aux muscles affleurant à la peau, depuis le frontal plus ou moins plissé pour l'attention jusqu'aux phalanges unguéales plus ou moins usées par la besogne, voilà, avec mille autres particularités de l'individu, les points de *dissemblance* qui le feront reconnaître.

C'est ce point de dissemblance qui fait qu'on dit parfois : ce doit être ressemblant ! d'un portrait dont on n'a jamais vu le modèle. Car, pour pouvoir juger de la ressemblance, il faudrait avoir connu l'individu auquel l'image ressemble, mais, pour reconnaître la dissemblance, il suffit de connaître l'Espèce, et voyant en quel point l'image en diffère, on augure quelle reproduit bien ce qui n'était que de l'individu. Qu'on ne s'étonne pas de nous voir attacher tant d'importance à la ressemblance quand, d'autres fois, nous avons plaidé pour que le peintre ait toute permission de la sacrifier, s'il le faut, à la vie et à la liberté de la touche, mais qu'on observe que nous parlions alors de portraits de femmes. C'est de portraits d'hommes qu'il s'agit ici. Ce n'est point du tout la même chose. La raison d'être d'un portrait de femme, c'est sa beauté. La raison d'être d'un portrait d'homme, c'est son caractère. Chez un portrait d'homme, nous excusons tout trait, même accentué, toute observation, même appuyée, comme jadis dans le portrait de Renan par M. Bonnat, que l'artiste n'eût pu pousser plus loin sans tomber dans la caricature. Nous admettons tout, pourvu que le caractère de l'homme soit vivement rendu. Au contraire, jamais on n'excuse un trait ironique et souligné dans un portrait de femme, quand même il devrait faciliter la ressemblance. Ce que nous voulons avant tout, c'est la beauté. Or, la beauté a quelque chose de beaucoup moins personnel que le caractère. On peut la concevoir sans la ressemblance, et il faut la lui préférer. Mais il est bien difficile que le caractère individuel et particulier d'une figure soit exprimé sans qu'il traîne la ressemblance après soi. Les deux choses se confondent et sont-atteintes en même temps, si l'on trouve l'attitude propre du modèle et le geste qui n'est qu'à lui.

Nous avons dit que, pour le Christ, ce geste était de rompre le pain. C'est cette action en apparence peu considérable, mais révélatrice, que contemple M. Dagnan-Bouveret dans le portrait qu'il s'est fait de lui-même, au coin de son tableau *les Pèlerins d'Emmaüs* . Les deux autres personnages dont il a peint les portraits, la femme et l'enfant à genoux, ne regardent point exactement le Christ. Lui, debout dans son vêtement noir, les bras croisés, serrés, le front penché, il observe la scène inoubliable et éphémère, et s'efforce d'en enregistrer dans sa mémoire de coloriste les moindres détails. Supprimez par la pensée, ou cachez de votre vue, en vous servant de votre livret comme d'un écran, tout ce qui est la scène des Pèlerins proprement dite, en supposant que le tableau s'arrête à la colonne qui est à votre droite. Vous aurez une réunion de trois portraits. Leur attitude sera inexplicable, mais leur expression restera profonde. Ils ont vu le seul geste auquel, il y a dix-huit cents ans, on reconnut le Sauveur.

Le seul, auquel on le reconnaîtrait encore aujourd'hui. Notre démocratie est comme ces deux pauvres hères de disciples. Vainement on l'aborde sur la route et l'on marche du même pas qu'elle. Vainement on lui explique le sens sociologique des Écritures. Son cœur « brûle » peut-être, mais ses yeux ne reconnaissent point l'Apôtre. Ils le reconnaîtront quand il distribuera la richesse. Jamais les exhortations de l'Évangile que beaucoup rééditent aujourd'hui ne vont sans des miracles matériels que personne ne fait plus. Sans la multiplication des pains, qui eût écouté le Sermon sur la montagne ? Aussi aujourd'hui, privés de miracles, n'est-ce pas en vrais croyants que nous concevons avec nous, dans nos livres et dans nos tableaux, la figure de cet Inconnu divin que l'Humanité rencontra un soir sur sa route. Nous la gardons par prudence, par inquiétude de la nuit. « Demeure avec nous parce qu'il se fait tard ! » lui avaient dit les disciples, dans son intérêt et pour ne pas l'exposer seul aux hasards du voyage. La journée s'est encore avancée, depuis la soirée lumineuse d'Emmaüs, peinte par M. Dagnan-Bouveret. L'ombre est tombée. Les horizons se sont brouillés ; les silhouettes des choses, au loin dans la campagne, se sont éteintes. Le froid a gagné les cœurs. On ne distingue plus bien les unes des autres les figures du juste et de l'injuste, les formes de la fidélité et de la trahison. Alors, nous ne voulons point laisser partir encore le compagnon qui parle des choses saintes. Et, sans l'avoir encore reconnu pour notre Maître, sans trop savoir si c'est un homme ou un Dieu, seulement parce que ses paroles sont bonnes et sa présence réconfortante, nous lui redisons encore, après dix-huit cents ans écoulés, non pour sa sécurité, mais pour la nôtre : « Demeure avec nous, car il se fait tard... »

Section II

L'action générale d'un portrait étant trouvée, ce qu'il faut déterminer, c'est le sens de son éclairage et la gamme de sa couleur. En fait, tous les éclairages se ramènent à trois dispositions de la lumière. Ou bien la figure n'est éclairée que par un seul rayon lumineux intense, mais étroit, qui ne la frappe que d'un seul côté, ou bien elle est éclairée également de tous les côtés, comme dans les scènes de plein air sans soleil, ou bien elle est à la fois éclairée par la lumière diffuse de toutes parts et spécialement en un point par un foyer de lumière supérieur à tous les autres. Nous voyons très nettement en quoi diffèrent ces modes d'éclairage, si nous regardons les deux portraits du peintre norvégien, M. Peter Severin Kroyer, placés cadre à cadre. L'un représente l'auteur A. Schanderph écrasant de son corps un canapé démodé, dans une chambre calfeutrée, baignant parmi une atmosphère lourde et tenant un cigare que ronge la cendre ; l'autre fait voir le poète Holger Drachmann, dressé sur la grève, tête nue, en plein air, en plein ciel, la joue et la main colorées par tout ce qui reste de soleil rouge à l'horizon que nous ne voyons pas, appuyé du dos à l'avant d'une barque, de cette humble chose de bois, à peine équarrie, mais où « gît le don d'un autre monde », offrant le front à tous les souffles qui viennent de la mer et à tous les rayons qui viennent de l'occident. Ces deux portraits pourraient s'appeler : *la Lampe* et *le Soleil*. Les deux figures sont illuminées du même côté, de leur côté droit, mais l'une l'est seulement par la lueur de la lampe, l'autre l'est aussi par la lumière diffuse du jour, l'une par la lueur artificielle qui ne fait qu'éclairer comme la science, l'autre par la lumière naturelle qui n'éclaire pas seulement, mais qui réchauffe, comme l'amour.

Du choix de l'éclairage dépend généralement l'intensité de l'expression qu'on veut obtenir. Difficilement, M. Benjamin Constant eût rendu avec ce relief la physionomie de M. Hanotaux, s'il avait admis un jour diffus, un jour de plein air dans tous les coins de sa toile. Mais il a choisi l'hypothèse d'un seul foyer de lumière. Tout ce qui n'est pas de ce côté est privé de jour. Tout accessoire a disparu, les livres se sont fermés, les tapisseries se sont reculées, les lumières se sont éteintes. Seul, ce rayon chaud, doré, qui glissa jadis, dans les tableaux du maître sur les corps inanimés dans les secrètes tueries du sérail, tombe de gauche, enflamme un coin de rideau, se pose sur ce front large, sur ces cheveux qui grésillent à son contact, sur le nez mince, sur la face plate et large, sur les lèvres serrées, les yeux brillants sous l'eau incertaine du double ovale de verre ; il éclaire toute cette physionomie, mal faite pour le rire, trop définie pour le rêve, dédaigneuse de toute pose, attentive comme celle d'un chartiste, déterminée comme celle d'un combattant. Puis le rayon glisse, caresse le dossier du fauteuil, et malheureusement éclaire les mains. On regarde toujours les mains de l'homme qui tient le pouvoir, prétend Tolstoï. Mais l'on admirera davantage le talent de M. Benjamin Constant, si l'on fait mentir Tolstoï et si on ne les regarde pas.

En fait, c'est cet éclairage par un seul foyer de lumière que nous voyons le plus fréquemment adopté dans les portraits, cette année, — tels ceux de M. J.-P. Laurens représentant son fils, ou de M. Courtois représentant un jeune peintre, de M. Dagnan-Bouveret représentant un jeune homme, — et c'est le portrait en pleine lumière diffuse, en plein air que nous apercevons le moins. Le plus grand nombre des visages contemporains apparaît largement éclairé, mais non pas également de tous les côtés, ce qui arrive dans l'hypothèse d'un plein air, sous un ciel voilé, sans coup de soleil. Il y a partout des ombres indiquant un foyer de lumière supérieur aux autres. Dans tous les cas, il n'y a pas de violents reflets du milieu ambiant sur la figure.

Considérez les trois portraits de la salle la plus riche en effigies contemporaines, la salle XII contenant le portrait du duc de Doudeauville, magnifique et vague comme une prophétie, du prince d'Arenberg, exact et particulier comme un bilan, et de M. Jules Lemaître, papillotant comme une causerie sans thèse, les deux premiers par M. Aimé Morot, le dernier par M. Humbert. L'éclairage est assez uniforme. Cette large tombée de la lumière a permis à M. Morot de nous montrer un cheval admirable qui a quitté les allures que perçoit seule la chronophotographie pour prendre modestement une de celles que nous aimons à voir, puis un habit rouge superbe, et un terrain un peu flottant, dont la légèreté fait compensation à la pesanteur de la draperie sculptée derrière le prince d'Arenberg. Mais, dans cet éclairage diffus et parmi les tonalités riches des costumes, que devient la tête du cavalier ? Et, en comparant la splendeur des accessoires à la pauvreté relative du principal dans un portrait, c'est-à-dire de la figure même, on est tenté de répéter au peintre quelque chose comme ce que La Bruyère disait à L'ami d'un homme fort élégant : « Montrez-moi les bijoux et le costume de cet homme, son cheval, sa cravache et ses bottes, et je vous tiens quitte de la personne. » Sous la pleine lumière tombant presque d'aplomb sur le prince d'Arenberg, tous les traits de la physionomie apparaissent dans une égalité parfaite, aucun n'étant sacrifié à l'autre, rien ne tranchant extrêmement, rien ne manquant tout à fait, — comme on voit, chez certaines natures privilégiées du privilège de l'équilibre, les traits de la précision pratique et du goût artistique, de l'esprit et de la bonhomie, du tact et de la rondeur, de l'aptitude aux affaires les plus difficiles et les plus diverses, du bonheur dans les entreprises les plus dissemblables, et enfin aucune ombre, du moins apparente, sur la vie.

Le défaut de cette large disposition de la lumière tombant de haut, écrasant sa gerbe sur le front du modèle et rejaillissant également autour de lui, c'est qu'on ne peut rien cacher, et dans certains portraits, — notamment dans ceux des militaires, — le clinquant des accessoires tire l'œil aux dépens du relief de la physionomie. On raconte qu'Ingres, faisant le portrait du Duc d'Orléans, insista pour que son costume de général fût sans broderie aucune et excita l'hilarité du prince en demandant si l'on ne pourrait pas remplacer les boutons de métal par des boutons en étoffe. Qu'on regarde le portrait d'officier suédois, par M. Hagborg, tout rutilant de galons jaunes et de boutons d'or, et l'on trouvera qu'Ingres n'avait point si tort et qu'il n'y avait pas, en l'écoutant, de quoi tant rire. On fera une observation semblable en examinant le portrait du général Davout, de M. Bonnat, où l'éminent artiste a fait entrer le plus possible d'accessoires éclatants, qui enlèvent à la tête les deux tiers de son relief. Et si l'on veut la contre-épreuve, qu'on se place devant l'*Astronome* de M. Roybet, cette admirable collection de portraits d'artistes par le peintre le moins psychologue, mais le plus *peintre* de notre temps. Qu'on note combien tout accessoire brillant a été écarté, toute fantaisie des costumes sacrifiée, tout jeu de lumière interdit qui ne servait point à faire sortir, de la nuit des vêtements, les lumières des têtes. Et combien, pour tout homme véritablement sensible à la belle matière d'une peinture forte, savoureuse et libre, il y a de beauté dans toutes ces figures d'astronomes qui sont peut-être de faux astronomes, mais bien de vrais artistes et qui connaissent les moindres effets et les « passages » de la lumière sur la terre, s'ils ne sont pas avertis de la marche de toutes les lumières du ciel !

De quelle couleur est la lumière ? Chez M. Courtois, elle est jaune ; chez M. Hamilton. elle est bleuâtre ; chez M. Kroyer, elle est rouge. Autrefois, le point lumineux d'un objet était doré.

Aujourd'hui, il est entendu qu'il est bleu ; — tous les jeux de lumière sur les arêtes des meubles dans un appartement sont figurés avec du bleu ; — demain, on lui trouvera peut-être une autre couleur et l'on décidera que les précédentes étaient de la convention. Rien n'était de la convention. La lumière chaude du soleil, filtrée à travers des rideaux, le soir surtout, au moment où île rayon traverse des régions atmosphériques plus voisines du sol et plus chargées de poussières, colore en jaune ardent, en rouge, tout ce qu'elle touche. Au contraire, le jour blafard de nos villes du Nord, entrant largement par de grandes baies, produit des points lumineux bleus, comme on en voit dans le portrait de M. Gladstone, par M. Hamilton. L'un n'est pas plus conventionnel que l'autre. Et les teintes rosées ou rouge sang que nous voyons sur la figure et la main gauche de M. Drachmann par M. Kroyer, ou sur les pêcheurs qu'il peint à Skagen, ne sont ni conventionnelles ni particulières aux pays Scandinaves.

Un soir de septembre, nous ramions, avec plusieurs amis, sur Venise, venant de Torcello. Quelle que fût la diligence de nos gondoliers, le soir nous atteignait avant que nous puissions gagner la ville et revoir ses richesses. Mais qu'importait ? Il y avait un éblouissement d'eaux et de feux allumés par le couchant. Qu'avions-nous besoin du Titien ? nous avions à l'horizon les montagnes violettes de Cadore. A quoi bon le Tintoret ? le soleil, en s'en allant, nous enveloppait, une minute, d'un *Paradis* dont nous étions nous-mêmes les bienheureux. Un gondolier avait perdu son chapeau. L'épiderme des eaux frôlée par les lumières frisantes réverbérait comme un métal. De place en place, un banc de terre morte s'allongeait à fleur d'eau et coupait les reflets de feu qui venaient clapoter sous notre barque. Les rares gondoles qui passaient à l'occident faisaient des taches si noires qu'on eût dit des mouches se promenant sur le nimbe d'un saint. Çà et là, des piliers plantés dans la lagune sortaient de la mer et, sous eux, leurs longues images reflétées mouvantes et torses semblaient des serpents fouillant dans un bain d'or. Au loin, une ligne noire, droite, Venise. C'était un samedi, et les ouvriers qui avaient travaillé toute la semaine, dans les petites îles, à souffler du verre revenaient passer le dimanche à la ville. Quelques-uns chantaient. Le soleil les regarda et aussi notre gondolier, qui ramait debout, tête nue, et il écrasa sur leurs faces ses pinceaux chargés de carmin et de vermillon. Ils furent sanglants. — Un Kroyer ! — nous écriâmes-nous tous. Nous avions passé une bonne partie du jour à discuter sur la possibilité d'un effet violent observé dans son tableau, alors exposé à Venise, *le Départ des pêcheurs après l'« Ave Maria »*. Nous avions douté de la justesse de l'effet. La nature nous répondait.

La lumière n'est donc pas toujours blanche et bleue, comme l'ont voulu les partisans de la céruse, pas plus qu'elle n'est toujours jaune, comme les romantiques préoccupés d'effets à la Rembrandt avaient voulu qu'elle le fût. On a fait des chefs-d'œuvre avec les trois systèmes d'éclairage. On en a fait dans toutes les gammes choisies pour exprimer la couleur générale de la lumière. Aujourd'hui, on tend à revenir à toutes, sans proscrire les plus anciennes, ni les plus méprisées.

Notons donc l'effondrement total, sur ce point, comme sur les autres, des théories intransigeantes prêchées depuis tantôt trente années par les modernistes. Car, si de ces Salons de 1898, pas une affirmation ne se dégage, du moins ils témoignent tous deux du peu de résultats obtenus par les violents du Réalisme et de l'Impressionnisme, du vide de leurs prophéties et du néant de leurs prétentions. Constater ce néant n'est pas s'en réjouir. Beaucoup d'entre nous avaient conçu de ces idées et de ces maîtres quelques grands espoirs. Certaines œuvres de Courbet, de Manet, de MM. Roll, de Nittis, Claude Monet, Raffaelli, Besnard, avaient semblé, à différentes époques depuis trente ans, annoncer un art nouveau, — mais cet art nouveau n'a point paru. A certains moments, la critique des « jeunes » nous a prophétisé que nous étions à « un tournant » de l'histoire de l'art ; l'année suivante, nous étions à un autre « tournant » ; l'année d'après, à un troisième « tournant » ; et nous avons effectivement si bien et si constamment tourné que l'évolution prédite et prêchée s'est accomplie en cercle et que nous sommes revenus à peu près au même point d'où nous étions partis. Pour s'en convaincre, il suffit de regarder. Quand Castagnary bataillait, dans ses *Salons*, contre la représentation de scènes que le peintre n'a jamais vues, il annonçait la poussée formidable de l'Art vers l'étude exclusive de l'homme moderne, de la vie actuelle, toute saignante de nos blessures, toute palpitante de nos émotions. Trente ans ont passé, et l'œuvre la plus considérable des deux

Salons est une représentation de la vie à l'époque quaternaire, due à M. Cormon, où les gens se coiffent avec des plumes, et regardent passer un mégathérion et un machærodon ; — ou encore un groupe d'hommes réunis pour faire de l'astronomie dans une cave, figures d'artistes contemporains, il est vrai, mais figures émergeant de fraises tuyautées par les doigts très habiles de M. Roybet.

Il était entendu aussi que le Réalisme nous débarrasserait des allégories, des symboles, des fictions épiques ou religieuses. « Qui a jamais vu des anges ? » demandait Courbet, dans un gros rire, à des camarades de brasserie qu'il soupçonnait impuissants à le confondre par des souvenirs personnels. Plus d'un quart de siècle s'est écoulé et non seulement M. Maxence et bien d'autres nous montrent des anges, mais tout ce que la Tétralogie compte de mythes fabuleux a envahi nos expositions comme celles du Sâr Peladan, déborde sur les plinthes, couvre les livres, les meubles, et va s'installer jusque dans les brasseries où le Réalisme avait imprudemment annoncé leur disparition.

Disparaîtraient-ils, en effet, ils seraient remplacés non par le Réalisme, mais par quelque autre forme de légende comme est la préhistoire de M. Cormon, de M. Jamin ou, en sculpture, de M. Frémiet. Et le goût changeât-il dix fois plus, nous aurions encore besoin, pour nous reposer des réalités, de quelques images de l'inconnu. Le succès des panneaux de M. Cormon le prouve. Car, si l'on n'a jamais vu de séraphins, qui a vu les hommes que nous montre M. Cormon ? et si l'on n'est pas bien sûr que les couleurs de Fra Angelico aient été broyées par un ange, l'est-on beaucoup davantage que les silex de l'époque tertiaire aient été taillés par l'anthropopithèque ou l'homosimien ? On ne l'est pas, mais on aime à se représenter, par l'imagination, ce qu'ont été les commencements de l'art et de la vie. On aime à se les figurer fabuleusement humbles, comme on aimait jadis à se les figurer fabuleusement grandioses. C'est là le seul changement survenu dans les âmes. Jadis, lorsqu'elle était plus près de ses origines, l'humanité croyait descendre des Dieux. Tant qu'elle combattait encore pour conquérir la terre, le fer, l'or, ce qui nourrit, ce qui protège, ce qui embellit, elle était soutenue dans sa lutte par l'idée qu'elle était fille du ciel. Elle se le faisait répéter par ses poètes, qui n'étaient autre chose que des généalogistes. Elle n'en était pas bien sûre ; mais cette hypothèse lui donnait confiance dans le combat encore bien incertain pour la domination du monde et des animaux… Au contraire, à mesure que l'humanité triomphe et vieillit, elle se retourne vers les témoignages de ses humbles origines. Elle regarde le silex taillé et le celt en cuivre comme l'industriel enrichi regarde les sabots dans lesquels il vint à Paris faire sa fortune. En voyant d'où elle est partie et où elle est arrivée, elle a un mouvement d'orgueil. Pour lui raconter le chemin parcouru, elle évêque les témoins de ses premiers pas. Elle a chassé ceux qui lui fabriquaient de faux papiers de noblesse. Les anthropologues ont remplacé les poètes. L'homme a le suprême orgueil de s'être fait ce qu'il est. Il aime mieux se dire un singe parvenu, qu'un Dieu tombé…

Après le Réalisme ainsi mis en déroute par les déesses de la Tétralogie ou les fabuleux mangeurs de poulpes de l'âge de pierre, l'Impressionnisme n'apparaît nullement avoir tenu les promesses qu'il avait faites. On sait quelle était sa théorie, exactement déduite de celle que Ruskin a exposée dès 1857 dans ses *Elements of Drawing*. Le noir n'existe pas. L'ombre est l'ennemie. Ce qui existe, ce sont des couleurs plus fortes les unes que les autres, toutes pénétrées des reflets des couleurs claires posées à côté. Par conséquent, il faut se servir de peu de teintes, les plus simples et les plus éclatantes, les tenir pures sur la palette, ne pas les mélanger et, s'il se peut, obtenir les tons mixtes sur la toile par l'entre-croisement des tons primitifs dont ce ton mixte est composé. L'œil, de loin, fera le mélange.

Mais cela n'était que le moyen, qu'un des moyens. Le but, c'était d'éclaircir les toiles, d'expurger les paysages et les figures des ombres conventionnelles, de nettoyer les salons, de montrer la vie non au clair-obscur parcimonieux d'atelier ou de cave, comme Caravage, mais sous les averses de la lumière du plein soleil, rebondissant en perles de clarté jusque dans les moindres coins de la toile. La couleur psalmodiait. On allait la faire chanter et rire. On se morfondait auparavant dans l'ombre jaune et dans le bitume. On allait s'épanouir dans la céruse et dans la lumière, la gaieté, le mouvement, la vie…

Vingt-quatre ans ont passé depuis que MM. Monet, Renoir et Pissarro annonçaient la bonne nouvelle. Et aujourd'hui, si vous allez dans les Salles III et V de la Société nationale, occupées par des tableaux modernistes, vous aurez l'impression que vous entrez dans la nuit. Des deux principales toiles de nos modernistes, la *Vie de la Mer* de M. Cottet et le *Paris* de M. Carrière, l'une est jaune et noire autant que les toiles des maîtres romantiques, qualifiées par les jeunes de toiles « à la décoction de pruneaux » ou au « jus de réglisse. » L'autre est inintelligible, tellement elle est envahie par ces bruns et ces gris dont l'Impressionnisme nous avait promis d' « expurger » la palette contemporaine. Les figures plongent dans un bain de vapeur ou somnolent dans des chambres dont les cheminées fument atrocement. Où est la trace des conquêtes lumineuses de l'Impressionnisme, ici, et qu'a-t-il su éclaircir ? C'est dans les portraits d'hommes surtout qu'on serait empoché de retrouver ce torrent de lumière qu'on nous avait annoncé. On le cherchera vainement dans les portraits peints par M. Ménard, Mlle Rœderstein, par MM. Evenepœl, Anquetin, et Lufkin, c'est-à-dire par des modernistes. Quant à la gaieté et à la vie, considérez les toiles de M. Entz ou de M. Aman-Jean ! Encore moins trouvera-t-on appliquée la théorie des taches reflétées. Et c'est fort naturel. Un paysage souffre, de la part du peintre, tous les travestissements de couleurs, et une vache innocente dans un pré se laisse découper en morceaux multicolores où ne se retrouvent plus ni sa forme distincte du reste du paysage, ni sa couleur primitive. Mais l'homme qui pose pour son portrait n'a nulle envie de voir, à la place de sa figure, un assemblage des reflets du bois de son fauteuil, des plâtres de son plafond, des cuivres de son bureau et des faïences de son garde-manger. Tout au plus, M. Dagnan fait-il sentir, dans l'ombre de la joue et du col de son portrait de jeune homme, le reflet du ton vert de la tapisserie. Ensuite, dans le portrait, la théorie des réactions du milieu coloré sur la figure est exactement contraire au but qu'on se propose, qui est d'abstraire précisément la figure de son milieu et de nous la montrer, au vif, dans sa plus grande individualité.

Pour cette raison ou pour d'autres, les portraits impressionnistes deviennent de moins en moins nombreux. On n'en trouve même guère d'aussi hardis que celui de M. Pertuiset, le tueur de lions, que Manet exposa il y a quelque dix-sept ans. La voie qu'il ouvrit alors a été suivie, puis abandonnée, sans avoir conduit personne nulle part. Les exemples qui sont à la salle Caillebotte n'attirent plus les jeunes peintres d'avenir. L'ombre est revenue jaunir la plupart des portraits d'hommes contemporains. Ainsi a fini l'Impressionnisme en peinture, — le paysage excepté ! — Mais cette année, il s'est révélé, en sculpture, par un portrait d'homme ou un symbole qu'il nous reste à examiner.

Section III

Du *Balzac* de M. Rodin, il n'y aurait rien à dire, si la Presse n'en avait pas tant et si paradoxalement parlé. Qu'un artiste de talent échoue dans le modelage d'un homme en robe de chambre et le laisse à l'état d'ébauche, il n'y a rien là d'extraordinaire. Que cet artiste se contente pourtant de cette ébauche et la fasse voir en la meilleure place d'un parc à sculptures, ce n'est pas là non plus un événement national. Beaucoup d'artistes peuvent manquer une statue, et il n'est pas rare de voir un auteur satisfait de son œuvre telle qu'elle est, quand le public la préférerait autre. Enfin, que ce public, moins averti des difficultés de l'œuvre que sensible à ses défauts et moins attentif à l'effort de l'ouvrier qu'à son échec, s'en divertisse et témoigne de son divertissement par des onomatopées discourtoises, c'est douloureux sans doute, mais sans portée générale sur l'évolution de l'Art et du goût. — Mais que des hommes de talent et de tact, qui ne se laisseraient point facilement égarer s'il s'agissait de littérature, prennent pour de l'audace, l'indécision et pour un coup du génie, la défaillance du talent, voilà ce qui est singulier. Qu'ils en viennent à proclamer cette statue un « prodige de travail », une « œuvre géniale la plus impeccable du Maître », le « monument le plus achevé, le plus puissant, le plus pathétique qu'il ait été donné à un artiste de créer », — voilà qui est digne d'examen. Qu'ayant pris cet extraordinaire parti, ils veuillent le faire prendre aux autres en disant que les autres ont tort de ne pas être foudroyés d'admiration, qu'ils sont de « hideuses figures tordues par de vilaines grimaces », et qu'enfin, le mot *ante porcos* est le seul qui puisse proprement les qualifier, — voilà qui vaut la peine qu'on s'étonne et qu'on cherche à cet état d'esprit des éclaircissements.

Aussi bien, la scission entre l'opinion du public et celle de la critique est profonde. On commence à s'apercevoir que, pas plus dans une question d'art que dans toute autre question, il ne suffit d'une notoriété littéraire pour imposer sans contrôle, à un peuple entier, une opinion. Nous entendons bien que le *Balzac* est admiré de « tout ce qui compte ». Mais qui donc a décidé ce « qui compte » ? Et qu'il est dédaigné de tous ceux « qui ne voient point l'étoile », mais à quels signes reconnaîtrons-nous donc ceux qui la voient ? Quelles raisons avons-nous de subordonner nos impressions aux leurs et de nous incliner, nous, foule obscure, devant leur verdict ? Voilà ce qu'ils oublient de nous dire et ce qu'il serait pourtant intéressant de savoir pour le peser... Auraient-ils, ces critiques d'art, produit, à notre insu, des chefs-d'œuvre de peinture ou de sculpture qui leur donnent sur nous l'avantage d'une connaissance approfondie du métier ? — Qu'ils les montrent ! Détiendraient-ils des règles absolues et mathématiques par où l'on puisse prouver qu'une statue est belle, comme on prouve que le carré construit sur le plus grand côté d'un triangle est égal à la somme des carrés construits sur les deux autres côtés ? — Qu'ils les disent ! N'ont-ils, au contraire, que le genre d'autorité que donne l'adresse à exprimer, mieux que nous ne pouvons le faire, notre propre sentiment obscur, inconscient, devant une œuvre d'art ? — Qu'ils l'expriment ! Mais dès l'instant qu'ils n'ont pas plus que nous la pratique supérieure des arts, qu'ils ne produisent point de démonstration mathématique, et qu'ils n'expriment pas le sentiment public, mais bien le sentiment contraire, leur jugement n'a plus que la valeur d'une impression personnelle, c'est-à-dire la valeur qu'a le jugement de chacun de nous. Il est vrai qu'ils ont peut-être vu plus d'œuvres d'art, se sont promenés dans plus de musées, mais, comme l'écrivait un jour M. Whistler, le policeman de la National Gallery, lui aussi, a vu beaucoup de tableaux dans sa vie. Est-il, pour cela, un infaillible arbitre du Beau ? La critique d'art, a-t-on dit avec raison, est une magistrature qu'un écrivain s'attribue à lui-même et que le public lui confirme. Or, que nos critiques se soient attribué cette magistrature, c'est évident, mais que le public la leur ait confirmée, c'est infiniment plus douteux, et dans le cas du *Balzac*, le public presque tout entier, bien loin de ratifier le jugement, l'infirme par ses exclamations.

Toutefois, il a peur de se méprendre, et comme il lui est arrivé en d'autres cas d'être épouvanté par des œuvres promues à la dignité de chefs-d'œuvre et marquées, dans le Bædeker, d'un ou de plusieurs astérisques, il hésite entre son goût naturel et l'assurance imperturbable des critiques d'art. Il tourne autour du monolithe avec inquiétude. Il tourne comme un chasseur qui cherche à distinguer au plus haut d'un arbre un coq de bruyère, caché par les feuilles, dans la nuit. On dit qu'il y a là « un taureau littéraire », ou « une pyramide plongeant au-delà des extériorités dans le gouffre des sensations », ou encore « un visage de lumière », quelque chose qui annonce « l'amant de la vie, l'homme vaincu, l'œuvre victorieuse ». Mais de quel endroit peut-on bien voir toutes ces choses ? Il va se placer d'abord près du buste de bronze par M. Vibert, un homme barbu, à chevelure massive, à l'épaule nue ; puis, comme il ne voit rien, il s'en va de l'autre côté, près de l'*Hamadryade* de Mlle Claudel, mais là, il voit moins encore. Il se recule jusqu'à se placer entre le sphinx de M. Muller et *Incantations* de M. Michel Malherbe. Là, enfin, grâce à la ligne du dernier pilier de la colonnade qui lui fournit une verticale, il perçoit clairement une chose : c'est que le *Balzac* n'est pas d'aplomb et va tomber. Enfin, passe un esthète qui le tire d'embarras en le menant à la droite de la statue auprès des *Buveurs* en bronze de M. Biondi et lui montre le profil sortant du capuchon. A force de bonne volonté, le spectateur, comme le dindon de la lanterne magique, croit bien apercevoir quelque chose, mais il n'en saurait distinguer la cause. Il se souvient qu'après tout il bâilla jadis devant Wotan et qu'il eut envie de s'entourer la tête de linges mouillés la première fois qu'il lut M. Mallarmé. Et pourtant qui doute que la *Walkyrie* ou que l'*Hommage à Wagner* ne soient des chefs-d'œuvre ? Un chef-d'œuvre est donc, par définition, quelque chose qu'il ne comprend pas. A ce prix, c'en est fait : le *Balzac* est un chef-d'œuvre...

Comment, cependant, de telles suggestions sont-elles possibles et par quel concours de circonstances certains esprits délicats, après les avoir éprouvées eux-mêmes, parviennent-ils à les imposer aux autres, c'est là, pour l'observateur, le point nouveau et intéressant du débat.

Tout d'abord, la faute en revient à l'esprit de routine, qui a souvent nié avec obstination qu'il y eût de l'art là où il n'y avait point la forme d'art qu'il avait été éduqué à percevoir. L'exemple le plus considérable, en notre temps, est celui de Wagner. La moquerie, cette « indigence de l'esprit », a longtemps fait rage contre son œuvre, et quand on retrouve les caricatures qu'elle a inspirées à Cham, on est un peu confus de cette assurance méprisante d'un caricaturiste contre un génie. Puis, ce qu'il y avait de beau dans l'œuvre du Maître a triomphé chez les esprits indépendants, et, triomphant, a entraîné dans son triomphe tout ce qu'il y avait de médiocre et même de détestable. Revenir de Bayreuth a été une fonction. On n'avait pas distingué dans le blâme : on ne distingua plus dans l'admiration. Des gens qui n'avaient pas perçu de mélodie dans la *Romance de l'étoile* en découvrirent soudain dans les disputes de Wotan et de Frica. Il le fallait pour se faire agréer comme vrai wagnérien, wagnérien de la veille, et n'être pas traité comme un « rallié ». Le sentiment public s'était trompé sur Wagner. C'est un fait.

 ' Mais de ce qu'il se soit trompé sur Wagner, s'ensuit-il qu'il se trompe sur M. Rodin ? Voilà le point ; et de ce qu'il y avait des choses admirables dans *Parsifal*, bien qu'on ne l'ait pas compris d'abord, s'ensuit-il que tout ce qu'on ne comprend pas d'abord soit admirable, et qu'il suffise d'être obscur pour avoir du génie ? Il est facile d'appeler le *Balzac* de la « sculpture wagnérienne », mais il le serait infiniment moins d'établir des analogies autres que l'insuccès. Il est facile de dire : Phidias, Michel-Ange et Rodin, comme on dit : Homère, Shakspeare et Villiers de l'Isle-Adam, — procédé renouvelé de la pratique électorale, — afin d'entraîner l'adhésion aux derniers noms par la présence, en tête de liste, de noms auxquels vont tous les suffrages ; mais, ce qu'il faudrait faire, c'est nous dire pourquoi, admirant Shakspeare, nous devons nécessairement admirer aussi Villiers de l'Isle-Adam. Et parce que telles œuvres de Carpeaux ou telles autres de Courbet furent incomprises et refusées de leur temps, il ne s'ensuit pas que toutes les œuvres incomprises soient des merveilles, sans quoi, que de merveilles ! Et quelle belle opération financière eût faite ce singulier amateur, mort il y a quelques années, qui avait acheté vingt mille toiles refusées au *Salon* de puis une quarantaine d'années ! Pourquoi parle-t-on toujours de Wagner le musicien, à propos de M. Rodin, et pas du sculpteur Préault ? Ce fut de son temps un grand refusé devant le jury et un grand incompris devant la foule. « Chaque année, raconte un de ses biographes,

Préault persistait à accabler de ses envois le jury du Salon qui s'acharnait à les refuser. Cela dura près de quinze ans et finit par lui faire une réputation. Les critiques avancés prirent en mains sa cause. On en fit une machine de guerre en faveur de l'art libre, émancipé, viril, qui avait brisé les vieilles lisières, l'art de l'avenir en un mot contre l'art du passé, timide, étroit et routinier. Il passait, d'emblée, au rang des novateurs puissants, dont l'audace soulève toutes les protestations peureuses et jalouses de la médiocrité. On répétait ses épigrammes à l'emporte-pièce contre l'Institut, qu'il appelait la loge aux reptiles, Ingres, qu'il traitait d'ampoule et de Chinois qui se prend pour un Athénien ; Couture, qui était une tumeur ; Chenavard, qui était un mancenillier ; Pradier, dont il disait ingénieusement qu'il partait tous les matins pour Athènes et arrivait tous les soirs quartier Bréda ; Delacroix, la diarrhée de la couleur... Depuis 1848, il exposa d'une façon irrégulière et avec des succès fort inégaux, exalté par les uns, dénigré par les autres, objet de discorde et de scandale pour la critique... [1] » On parlait donc, il y a cinquante ans, de la *Parque* ou de l'*Hécube* méconnues comme on parle aujourd'hui du *Balzac*, — avec les mêmes enthousiasmes, avec les mêmes dédains pour la foule, avec les mêmes arguments, en en appelant de même à l'avenir. Mais qui tient aujourd'hui pour des chefs-d'œuvre ces choses honnies il y a cinquante ans par la foule ? La foule ne se trompe donc pas toujours...

Si quelques amateurs prêtent l'oreille aux suggestions de la critique admirative, c'est pour une autre raison encore que par la crainte de se tromper. Tout l'effort de la critique contemporaine a tendu depuis longtemps à expliquer l'œuvre d'art par des circonstances extérieures à cette œuvre et au talent de l'ouvrier. On nous a expliqué le coloris frais de Fra Angelico, non par la finesse de son œil, mais par la qualité de sa foi, le coloris chaud des Vénitiens par la somptuosité de leur vie nationale, les muscles de la *Nuit* de Michel-Ange par la fougue de son patriotisme et l'effondrement de ses rêves de liberté. Il est devenu un *truism* de dire que les chefs-d'œuvre des maîtres sont dus à leur conscience, à leur étude approfondie du sujet, à leur sincérité. Les amateurs s'y sont accoutumés, et lorsqu'on leur dit que telle œuvre est une chose méditée, voulue, cherchée pendant dix années, que l'artiste a étudié la philosophie

1 Victor Fournel, *les Artistes français contemporains*, 1885.

du sujet avant de l'entreprendre, qu'il a fait dix voyages pour en rassembler les éléments, qu'il a vécu enfermé au sommet d'une tour ou au plus profond d'une mine pour s'imprégner d'un jeu céleste ou d'un labeur humain, — aussitôt regardons-nous cette œuvre avec de tout autres yeux et découvrons-nous des qualités dont on ne s'était pas avisé, En fait, ce sont là des anecdotes utiles pour une biographie et très favorables aux développements littéraires, mais qui n'ont aucun rapport avec la valeur de l'œuvre. Juger un tableau d'après les circonstances dans lesquelles il fut peint et la sincérité de l'artiste, c'est s'exposer aux plus graves erreurs. Si l'on vous disait qu'un de nos plus grands maîtres a peint la plupart de ses toiles dans son jardin à Paris et, pour plus de plein air, au plus haut d'une tour, ouverte à tous les vents, de la villa Médicis, à Rome, qui dans ce signalement reconnaîtrait les œuvres de M. Hébert ? Ce sont de tels arguments pourtant qu'on fait valoir en faveur du *Balzac*. On nous dit que, pour faire cette statue, l'artiste a relu toute la *Comédie humaine* et qu'il a été passer deux étés en Touraine. Mais quand il en aurait passé quatre, cela ne ferait pas que le Balzac soit d'aplomb. Ou encore qu'il a recommencé quatre fois sa maquette. Mais quand il l'aurait recommencée six, cela ne ferait pas que l'on sente, sous la robe, le corps qui doit y être enveloppé. — « On doit le sentir, car il y est ! dit la critique, et si le Maître l'eût voulu, il l'eût fait sentir, à son gré, car il est excellent praticien et peut modeler dans la perfection une académie. » — Eh ! qui en doute ? Mais, d'ailleurs, qui s'en soucie ? Que peuvent importer au public les grandes qualités d'un artiste, s'il ne les manifeste pas ? « On ne doit pas, dit La Rochefoucauld, juger d'un homme par ses grandes qualités, mais par l'usage qu'il sait en faire. » Et nous ajouterons : on ne doit pas juger du modelé d'une œuvre par ce qu'on en *sait*, mais par ce qu'on *en voit*. C'est en géométrie seulement que le raisonnement juste supplée à la figure mal faite, embrouillée ou invisible. En art, il faut que la figure soit visible, définie ; le raisonnement ne peut suppléer à rien…

Enfin, la dernière raison qui incline les esprits délicats vers le *Balzac*, c'est qu'ils sont exaspérés des banalités sculpturales érigées aux carrefours de toutes nos routes et las des virtuosités inutiles. Depuis trop longtemps d'habiles artisans du marbre ou du bronze infligent à notre vue leurs grands hommes bottés, fourrés, boutonnés, empanachés, ahuris de se trouver sans chapeau au milieu de la place publique, avec leurs meubles, leurs livres, leurs ustensiles de travail, leur lunette d'approche, et parfois des allégories dévêtues, comme des locataires violemment jetés à la rue, en un déménagement sommaire, par quelque propriétaire inflexible et menaçant. Depuis trop longtemps nous voyons, sous prétexte d'art, enlaidir la neutralité pittoresque de la rue par les silhouettes inesthétique. Le *Balzac*, s'il n'est pas beau, n'a rien qui irrite l'œil. Entre sa silhouette de tronc d'arbre et l'insupportable apparition de la plupart des statues de contemporains en pantalon et en redingote, on peut hésiter. L'idée de remplacer par le *vestis talaris* la vue de notre vêtement moderne est bonne. Celle de voiler le plus possible un corps qui était gros et court, disgracieux par conséquent, n'est point mauvaise. Enfin, l'ambition de concentrer tout l'intérêt sur la tête, qui est la seule chose dont l'homme moderne puisse être fier, puisqu'il ne donne plus à ses membres l'exercice constant et esthétique de l'antiquité, est une tentative à applaudir. Ce n'est nullement là de l' « audace », comme on l'a prétendu très improprement, car il n'y rien d'audacieux à cacher ce qui est laid, à esquiver la difficulté de le traduire, et à effacer du texte ce qu'on ne sait comment rendre. Ce n'est pas de l'audace, mais c'est une fort légitime habileté.

Il ne faut pas, non plus, parler de simplification à la manière des Egyptiens, ni des intentions de leurs artistes, qu'on ignore totalement. Il est vrai que, si vous allez au Louvre, vous y verrez quantité de figures accroupies, les coudes sur les genoux, les bras croisés, le menton sur les bras, la tête émergeant seule du cube de granit gris, semblables à des fous emprisonnés dans des camisoles de force, avec des prières écrites sur leurs jambes. Par exemple, la statue d'Ouah-ab-ra, de la XXVIe dynastie. Elles sont aussi simplifiées que le *Balzac*. Seulement, cette simplification, chez les Egyptiens, n'était que de l'impuissance à travailler le granit avec le ciseau. Elle était commandée par l'insuffisance des instruments du sculpteur, obligé de terminer son œuvre en la polissant à force de grès et d'émeri. Aujourd'hui que la plus dure matière obéit à notre doigt, nous sommes tenus à plus d'artifice et de dextérité. Un enfant qui s'essaie à parler et balbutie, — c'est charmant. Mais un vieillard qui balbutie, comme un enfant, — c'est lamentable.

Pouvons-nous recommencer, sans rire, les balbutiements de cette enfance de l'humanité ?

Ce qu'on peut plaider, pour le *Balzac*, c'est donc simplement l'intention. Considéré comme une ébauche, ce plâtre si discuté n'est nullement méprisable. Accepté comme symbole, c'est-à-dire comme le contraire même d'une œuvre de plastique, il laisse le champ libre à toutes les imaginations. Regardons-le. Le corps a quitté le repos. L'âme n'a pas quitté le sommeil. Les pieds sont hardis de mouvement. La tête est lourde de songes. D'un pas de somnambule, il marche et, en marchant, comme le vieillard tout-puissant qu'on voit figuré dans les vieilles gravures du Paradis terrestre, il crée. Il ne fait pas le geste auguste du Créateur peint au plafond de la Sixtine, communiquant de son doigt tendu au doigt tendu de l'homme le réveil et la vie. Il ne porte pas, comme lui, enroulées dans son manteau les formes des êtres : il les porte sous son front. Les mains sont liées sous sa robe, dans le geste qui signifie, chez le tâcheron, la détente et le repos, et chez le penseur, la concentration et le travail. Parmi cette foule de marbres, de statues allégoriques, de Vénus ou de Sources, d'Orphées, de Cérès ou de Chloés, de Renommées conduisant des attelages, ou de héros tirant des coups de revolver, au milieu de ces formes vieillies, son rêve inachevé s'avance. Il passe, plié dans son manteau, qui, comme son génie même, le désigne et l'isole. Ce qu'il y a de monacal, le capuchon, retombe vide, et ce qu'il y a d'inesthétique, les manches, pend dédaigné. Les cheveux, dont le fouillis réjouit les artistes capillaires de la sculpture, mais désespère les synthétistes, sont massés en un nimbe monumental. Parce que le Balzac a le cou gros et court, son cerveau est à peu de distance de son cœur. Son front se lève sous l'énorme voûte de fer et de verre, de force et de clarté : ses yeux semblent regarder en dedans un spectacle qu'il est seul à voir. Il n'aperçoit ni la foule mouvante, ni les marbres immobiles, ni les groupes d'où montent les quolibets, ni les oiseaux logés dans le faîtage d'où tombent des gazouillements, ni cette succession d'arceaux, de fermes, qui s'arrondissent là-haut et, jusqu'au bout de la galerie, se courbent sur les milliers de têtes, gigantesques et tutélaires, comme des arcs-en-ciel de fer...

Mais ce n'en est pas moins là une ébauche, une intention, une idée qui peut être déjà belle à notre âme, parce qu'elle est conçue, mais qui ne sera belle à nos yeux que lorsqu'elle sera réalisée. C'est une ébauche, — et si l'on veut que ce soit un symbole, c'est le symbole, hélas ! de l'art moderne, de l'art nouveau épars dans ces galeries, le symbole des mouvements sans cohérence et des tentatives sans résultats où le Réalisme, puis l'Impressionnisme, puis le Symbolisme se sont épuisés depuis trente années. On détruit les traditions de notre grand art classique, mais par quoi les remplace-t-on ? On démolit, mais sait-on ce qu'on va construire ? C'est, dans cette galerie et dans l'art, l'image trop frappante de ce qui se passe, au dehors, dans la Ville et dans la vie. Sortons de ce Palais des Machines, nous nous trouverons dans un désert de décombres, de plâtres écroulés, de restes de fermes en fer, de tranchées, de détritus et de cloaques. Ce sont les ruines de l'Exposition de 1889. Aux Champs-Elysées, autres décombres : ce sont les ruines de l'Exposition de 1855. Auprès de la Seine, autres décombres : ce sont les ruines de la Cour des Comptes.

Et ce sont ces dernières, à bien considérer, qui marquent cependant la moindre des révolutions qui se sont faites dans notre état social. L'acte qui détruit, en temps de guerre et de fureur, un monument, peut être blâmable, mais il est accidentel comme les circonstances qui l'ont amené et sans conséquences pour l'avenir. Mais lorsqu'en pleine paix, un peuple décide de faire des ruines pour rien, pour le plaisir, et d'élever d'autres palais, pour rien, pour le changement ; lorsque, comme le dit Ruskin en la *Lampe de Mémoire*, « les hommes bâtissent avec l'espoir de quitter la maison qu'ils ont construite et vivent dans l'espoir d'oublier les années qu'ils ont vécues ; lorsque le but de chacun est d'atteindre une sphère plus élevée que sa sphère naturelle, et que la vie de chacun de ses devanciers est un objet de mépris journalier ; lorsque le confort, la paix et la religion du foyer ont cessé d'être, et lorsque les masures d'une population toujours en lutte, toujours agitée, diffèrent seulement des tentes des Arabes ou des bohémiens en ce qu'elles sont moins sainement ouvertes à l'air du ciel et que leur coin de terre est moins heureusement choisi, en ce qu'elles sacrifient la liberté sans le profit du repos, et la stabilité sans le plaisir du voyage, alors les racines de la grandeur nationale sont profondément attaquées... » Au moins pouvons-nous dire que celles de la grandeur artistique sont perdues. Quand on voit, de loin, ce monstrueux Palais des Machines gonflant sa nef de verre, seul debout parmi les décombres du Champ-de-Mars, on peut croire que cette arche de Noé contient les éléments d'un monde nouveau. Il n'en est rien. Dehors, des ruines. Dedans, des ébauches. Voilà ce que nous faisons du passé. Et voici ce que nous tenons en réserve pour l'avenir.

Section III

ISBN : 978-1981202867

www.ingramcontent.com/pod-product-compliance
Lightning Source LLC
Chambersburg PA
CBHW030043230526
45472CB00005B/1656